Garbe Verlag

DIE SCHNEEMACHER

Als Fiff und Moll spazieren gehn,
sind plötzlich Schnee und Eis zu sehn,
und mitten in dem Schneegewimmel
hängt eine Leiter aus dem Himmel.
»Was ist denn das?« denkt Fiff entschlossen
und klettert auf die Leitersprossen.
Was er dort sieht, erzählt er Moll.
Der weiß nicht, ob er's glauben soll.

SCHLAFMÜTZEN

HILFE IN DER NOT

EIN RÜSSELCHEN AUS ZWERGTIERLAND

KOMMT MAL ZU MURMEL FIFF GERANNT,

DENN HINTER IHM KOMMT MIT RADAU

EIN SCHNAUZER AUS DEM LANDE WAU.

FIFF SCHICKT IHN HEIM. DER SCHNAUZER GEHT.

DOCH KAUM HAT FIFF SICH UMGEDREHT,

KOMMT DER SCHON WIEDER ANGEHETZT,

DENN IHN VERFOLGT EIN SCHNAUZER JETZT.

DER IST SOGAR FÜR FIFF ZU GROSS.

WAS IST DENN HEUTE HIER BLOSS LOS!

GROSSE SPRÜNGE

EIN HASE HÜPFT. FIFF SCHAUT SICH'S AN.

»OB ICH DAS WOHL GENAUSO KANN?«

DENKT MURMEL FIFF UND HÜPFT GLEICH LOS.

ER LANDET HART AUF GRAS UND MOOS

UND HAT DEN GANZEN SPASS VERLOREN.

IHM FEHLEN WOHL DIE LANGEN OHREN. –

GUT VERSTECKT

FIFF WILL EINMAL ALLEINE SEIN,

DOCH IHN VERFOLGT EIN KLEINES SCHWEIN.

ER RENNT SCHNELL HINTER EINEN BAUM.

DAHINTER SIEHT MAN IHN FAST KAUM.

DEM SCHWEIN GEFÄLLT DIE RENNEREI.

VOLL SCHWUNG RAST ES AM BAUM VORBEI. –

FIFF KEHRT SCHNELL UM. DA HÖRT ER DANN:

DAS KLEINE SCHWEIN KOMMT WIEDER AN.

DER NEUE FREUND.

EIN KÜHLES BAD

ES IST ZU HEIß. FIFF FÜHLT SICH SCHLAPP.
WO KÜHLT SICH MURMEL FIFF JETZT AB?

ER GEHT ZU DEM GEHEIMEN SEE.-
TIEF UNTER BÜSCHEN, GRAS UND KLEE
SPRINGT MURMEL FIFF MIT VIEL GEZISCH
ZU ENTE, SEESALAT UND FISCH.

ZU SPÄT GEKOMMEN

ALS ENDLICH WIEDER FRÜCHTE REIFEN,
MUSS MURMEL FIFF ZUR LEITER GREIFEN,
DAMIT ER SIE ERREICHEN KANN.

ER SCHLEPPT DIE GROBE LEITER AN –

ER SCHLEPPT SIE AN, SO SCHNELL ES GEHT –

DOCH LEIDER KOMMT ER NUN ZU SPÄT.

VERÄPPELT

UM EINEN APFEL ABZUSCHÜTTELN,

MUSS MURMEL FIFF AM BAUMSTAMM RÜTTELN.

ER RÜTTELT WILD. DER APFEL FÄLLT –

DER BAUMSTAMM AUCH – DIE KRONE HÄLT.

SIE BLEIBT GANZ EINFACH, WO SIE WAR.

FIFF FINDET DAS SEHR SONDERBAR.

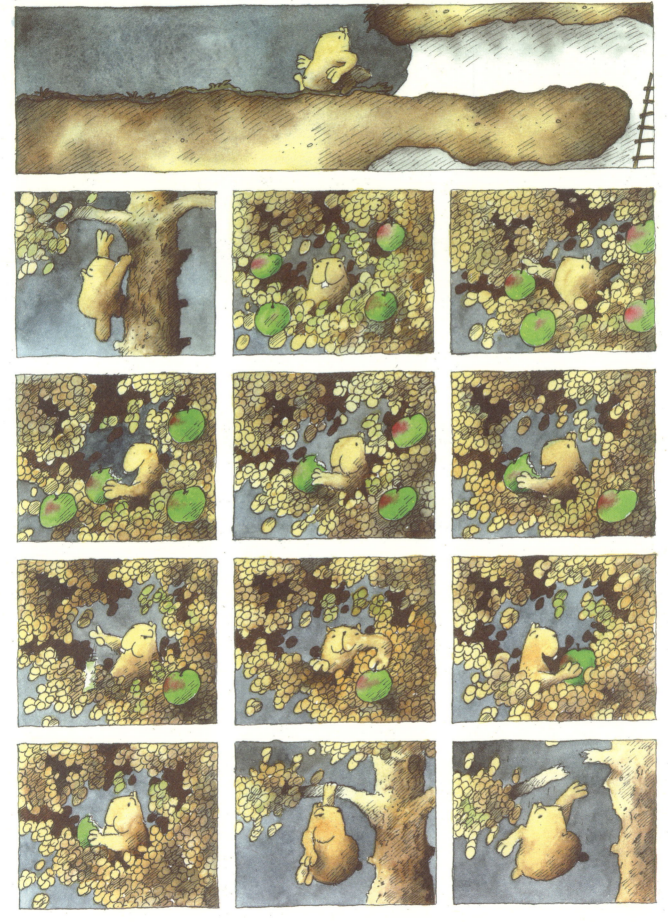

REISEBERICHT

FIFF DARF AUF EINEM VOGEL FLIEGEN.

ER FLIEGT IM SITZEN UND IM LIEGEN.

FIFF KANN DAS FLIEGEN SEHR GENIEßEN.

DOCH DANN MUSS ER DIE AUGEN SCHLIEßEN:

DER VOGEL SETZT ZUR LANDUNG AN,

DIE ER WOHL ÜBERHAUPT NICHT KANN.

ZUM GLÜCK IST DA EIN VOGELNEST,

IN DAS MAN SICH SCHNELL FALLEN LÄSST.

BESUCH DER FEDERBATZEN

ES SCHNEIT UND SCHNEIT. FIFF LIEGT UND SCHAUT.

SCHNEEFLOCKEN FALLEN OHNE LAUT.

DA KOMMT EIN VOGEL IRGENDWANN.

»KOMM NUR HEREIN«, LACHT FIFF IHN AN.

DER VOGEL KOMMT – DOCH NICHT ALLEIN –

DIE FEDERBATZEN ZIEHEN EIN.

EIN GANZER FEDERBATZENSCHWARM!

UM MURMEL FIFF WIRD'S WEICH UND WARM.

→ MURMEL FIFF 3, 1997 © ROLF VOGT

ALLE RECHTE VORBEHALTEN
GARBE VERLAG, ELLEN VOGT, NÜRNBERG
GESAMTGESTALTUNG: ROLF VOGT
GEDICHTE: ELLEN VOGT
GESAMTHERSTELLUNG: DRUCKEREI HIMMER, AUGSBURG
ISBN: 3-930143-10-0

BÜCHER AUS DEM GARBEVERLAG SIND SO UMWELTFREUNDLICH
WIE UNS Z.ZT. MÖGLICH HERGESTELLT:
100% ALTPAPIER, KEINE FOLIEN, FARBEN AUF BASIS
NACHWACHSENDER ROHSTOFFE UND SPIELZEUGNORM EN 71,
LÖSUNGSMITTELFREIER KLEBSTOFF, KURZE PRODUKTIONSWEGE
(→ HERGESTELLT IN DEUTSCHLAND) -
UND SIE BLEIBEN IM PROGRAMM.
VIEL FREUDE DAMIT!